Tous ensemble 2

Vokabellernhe

Ernst Klett Verlag
Stuttgart Leipzig

1. Auflage 1 5 4 3 2 1 | 2018 17 16 15 14

Alle Drucke dieser Auflage können im Unterricht nebeneinander benutzt werden, sie sind untereinander unverändert.
Die letzte Zahl bezeichnet das Jahr dieses Druckes.

Internetadresse: www.klett.de

Redaktion: Dr. Nathalie Karanfilovic
Mediengestaltung: Birgit Gaab
Umschlagfoto: Ilka Kramer, Avignon
Zeichnungen: François Davot, Troyes; Christian Dekelver, Weinstadt; Josef Hammen, Trierweiler; Christian Hansen, Berlin; Karin Mall, Berlin; Manboou, Oye-Plage; Helga Merkle, Albershausen; David Norman, Meerbusch; Katja Rau, Fellbach; Myrtia Wefelmeier, Berlin; Veronika Wypior, Bad Driburg
Satz: Fotosatz Kaufmann, Stuttgart
Repro: Meyle + Müller, Medien-Management, Pforzheim
Druck: AZ Druck und Datentechnik GmbH, Kempten/Allgäu

Printed in Germany
ISBN 978-3-12-623614-0

9 783126 236140

Vokabeln lernen mit dem Vokabellernheft

Dieses Vokabellernheft im Taschenformat soll dich begleiten und dir dabei helfen, den Lernwortschatz von *Tous ensemble 2* zu wiederholen. Du kannst dich somit in allen Pausen des Alltags „nebenbei“ auch auf Vokabeltests vorbereiten.
Am besten hast du beim Lernen immer einen Stift zur Hand. So kannst du Wörter markieren, die du schwierig oder „seltsam“ findest.
Am Ende einer *Leçon* gibt es häufig einen Teil mit Aufgaben auch zum Hineinschreiben. Hier geht es darum, das Gelernte selbst zu ordnen und zu wiederholen. So kannst du die Wörter sicherlich besser behalten.
Viele finden solche Wörtchen wie *ensuite*, *enfin* oder *puis* besonders schwierig. Deshalb wirst du immer mal wieder aufgefordert, diese „verflixten kleinen Wörter“ aufzuschreiben, d. h. dich mit ihnen zu beschäftigen.
Manche Wörter kann man sich eben leichter merken, manche schwerer. Das ist ganz normal. Am Ende einiger *Leçons* wirst du gefragt, welche Wörter dir immer wieder Schwierigkeiten machen, sei es beim Behalten oder beim Aussprechen. Schreibe sie auf und wiederhole sie in regelmäßigen Abständen. So kannst du die besonders Widerspenstigen in den Griff bekommen. Notiere auch, welche Wörter du „komisch“ oder „interessant“ findest!

Bon courage!

Dein *Tous ensemble*-Team

1 Leçon

Tipp:
Vergiss nicht: Sprich dir die neuen Vokabeln beim Lernen immer laut vor. Auf diese Weise prägst du sie dir besser ein.

Au retour des vacances

au retour de [ɔʀətuʀdə]	zurück aus
rentrer [ʀɑ̃tʀe]	zurückkehren; nach Hause gehen
à la gare [alagaʀ]	am Bahnhof
à l'aéroport [alaeʀɔpɔʀ]	am Flughafen
sur l'autoroute [syʀlotoʀut]	auf der Autobahn
une **chanson** [ynʃɑ̃sɔ̃]	ein Lied
en Europe [ɑ̃nøʀɔp]	in Europa
il est allé/elle est allée [ilɛtale/ɛlɛtale]	er/sie ist gegangen; er/sie ist gefahren; er/sie war
il/elle a fait [il/ɛlafɛ]	er/sie hat gemacht
Tu es allé(e) où? [tyɛaleu]	Wo bist du hingegangen/hingefahren?; Wo warst du?
à la montagne [alamɔ̃taɲ]	in die Berge
je suis resté(e) [ʒəsɥiʀɛste]	ich bin geblieben
Qu'est-ce que tu as fait? [kɛskətyafɛ]	Was hast du gemacht?
j'ai visité [ʒɛvizite]	ich habe besichtigt
un **look** [ɛ̃luk]	ein Look

Approche

une **robe** [ynʀɔb]	ein Kleid
un **pantalon** [ɛ̃pɑ̃talɔ̃]	eine Hose
une **chemise** [ynʃəmiz]	ein Hemd
un **manteau** [ɛ̃mɑ̃to]	ein Mantel
une **jupe** [ynʒyp]	ein Rock
les **vêtements en solde** [levɛtmɑ̃ɑ̃sɔld]	reduzierte Kleidung; der Kleiderschlussverkauf
un **vêtement** [ɛ̃vɛtmɑ̃]	ein Kleidungsstück

acheter [aʃte]	kaufen

→ **acheter**
j'**achète**, tu **achètes**, il/elle/on **achète**, nous **achetons**, vous **achetez**, ils/elles **achètent**

Qu'est-ce que tu achètes? [kɛskətyaʃɛt]	Was kaufst du?

Atelier

une **couleur** [ynkulœʀ]	eine Farbe

Les couleurs

gris [gʀi] / **grise** [gʀiz]	grau
vert [vɛʀ] / **verte** [vɛʀt]	grün
blanc [blɑ̃] / **blanche** [blɑ̃ʃ]	weiß
noir [nwaʀ] / **noire** [nwaʀ]	schwarz
bleu [blø] / **bleue** [blø]	blau
violet [vjɔlɛ] / **violette** [vjɔlɛt]	violett
rouge [ʀuʒ] / **rouge** [ʀuʒ]	rot
jaune [ʒon] / **jaune** [ʒon]	gelb
rose [ʀoz] / **rose** [ʀoz]	rosa
marron [maʀõ] / **marron** [maʀõ]	braun
orange [ɔʀɑ̃ʒ] / **orange** [ɔʀɑ̃ʒ]	orange
beige [bɛʒ] / **beige** [bɛʒ]	beige

un **blouson** [ɛ̃bluzõ]	eine Jacke; ein Blouson
un **sweat-shirt** [ɛ̃swɛtʃɜʀt]	ein Sweatshirt
commander [komɑ̃de]	bestellen
trop moche [tʀomɔʃ]	potthässlich
trop [tʀo]	zu viel; zu sehr
moche [mɔʃ]	hässlich
à la maison [alamɛzõ]	zu Hause; nach Hause
la **télé** (= la télévision) [latele(vizjõ)]	das Fernsehen; der Fernseher
encore [ɑ̃kɔʀ]	(immer) noch

1 Leçon

Tu me soûles. [tyməsul]	Du gehst mir auf die Nerven.; Du nervst.
Ce n'est pas ton problème. [sənɛpatõpʀɔblɛm]	Das ist nicht dein Problem.
un **problème** [ɛ̃pʀɔblɛm]	ein Problem
génial [ʒenjal]	super; genial
une **commande** [ynkomɑ̃d]	eine Bestellung
une **basket** [ynbaskɛt]	ein Turnschuh
C'est quoi, ça? [sɛkwasa]	Was ist denn das?
grand/grande [gʀɑ̃/gʀɑ̃d]	groß
Qu'est-ce que vous fabriquez? [kɛskəvufabʀike]	Was treibt ihr da?
Tu rigoles. [tyʀigɔl]	Du machst wohl Witze!
C'est pour qui? [sɛpuʀki]	Für wen ist das?
Trop la classe! [tʀolaklas]	Klasse!
un **clown** [ɛ̃klun]	ein Clown
Ça te va très bien! [satəvatʀɛbjɛ̃]	Das steht dir echt gut.
petit/petite [pəti/pətit]	klein
porter [pɔʀte]	tragen
préférer [prefere]	bevorzugen; lieber mögen

→ **préférer**
je **préfère**, tu **préfères**, il/elle/on **préfère**,
nous **préférons**, vous **préférez**, ils/elles **préfèrent**

un **jean** [ɛ̃dʒin]	eine Jeans
une **erreur** [ynɛʀœʀ]	ein Irrtum; ein Fehler
Je n'aime pas le rose.	Ich mag rosa nicht.
Fais attention. [fɛatɑ̃sjõ]	Pass auf.
Ne bouge pas! [nəbuʒpa]	Beweg dich nicht!; Halt still!
bouger [buʒe]	bewegen; sich bewegen
un **trou** [ɛ̃tʀu]	ein Loch
Vous êtes nuls. [vuzɛtnyl]	Ihr seid doof/blöd.
fermer [fɛʀme]	schließen

Ni vu, ni connu. [nivynikɔny]	Keiner hat's gesehen.
Bonsoir. [bõswaʀ]	Guten Abend.
un enfant [ɛ̃nɑ̃fɑ̃]	ein Kind
Chut! [ʃyt]	Psst!; Still!
C'est la totale! [sɛlatɔtal]	Das ist echt die Härte!; Ich fass es nicht!
un **mot** [ɛ̃mo]	ein Wort
en hiver *(m.)* [ɑ̃nivɛʀ]	im Winter
en été *(m.)* [ɑ̃nete]	im Sommer
mettre [mɛtʀ]	setzen; legen; stellen; *hier:* anziehen

→ **mettre**
je **mets**, tu **mets**, il/elle/on **met**, nous **mettons**,
vous **mettez**, ils/elles **mettent**

un **entraînement** [ɛ̃nɑ̃tʀɛnmɑ̃]	ein Training
le **tennis** [lətenis]	Tennis
Ça me va? [saməva]	Steht mir das?
C'est la classe. [sɛlaklas]	Das ist klasse.
Ce n'est pas assez chic. [sənɛpaaseʃik]	Das ist nicht schick genug.
chic [ʃik]	schick

1 Leçon

1 Was findest du in deinem Kleiderschank? Kreuze an.

- ☐ une taille
- ☐ un blouson
- ☐ un jean
- ☐ une jupe
- ☐ une couleur
- ☐ un trou
- ☐ un pantalon
- ☐ un look
- ☐ une quantité

2 Finde die passenden Wörter und schreibe sie auf. Füge *un*, *une* oder *des* hinzu.

b) ....

a) ....

c) ....

h) ....

les vêtements

d) ....

g) ....

e) ....

f) ....

3 *Quelle couleur?* **Welche Farbe passt zu den Bildern?**

a) C'est ....

b) C'est ....

c) C'est ....

d) C'est ....

e) C'est ....

4 **Welche Farbe ergeben diese Farben, wenn du sie vermischt?**

a) **BLEU + JAUNE =** ....

b) **NOIR + BLANC =** ....

c) **ROUGE + JAUNE =** ....

5 **Übersetze folgende Sätze.**

Deutsch	Französisch
Was ist das?	
Pass auf!	
Zu geil!	
Du machst wohl Witze.	
Beweg dich nicht!	
Keiner hat's gesehen.	
Psst!	
Ich entschuldige mich.	
Guten Abend.	

6 Kreuze die richtigen Antworten an.

a) Du findest etwas toll. Was sagst du?
- ☐ C'est nul.
- ☐ C'est parfait.

b) Du findest, dass deiner Freundin der Hut gut steht.
- ☐ Je ne porte pas ça.
- ☐ Ça te va très bien.

c) Du möchtest wissen, ob etwas dir gut steht.
- ☐ Ça me va?
- ☐ Ça va?

d) Du findest, dass etwas nicht schick genug ist.
- ☐ Ce n'est pas assez chic.
- ☐ C'est trop chic.

e) Du findest, dass etwas super ist.
- ☐ C'est génial!
- ☐ C'est la totale!

7 Finde die passenden Verben.

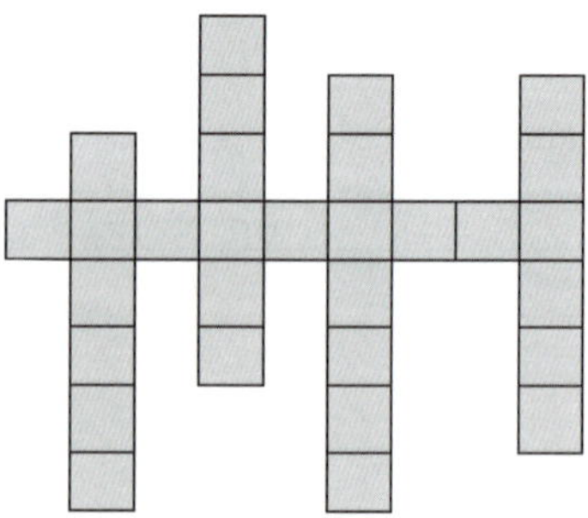

a) bestellen ______________________
b) tragen ______________________
c) heimkommen ______________________
d) sich bewegen ______________________
e) schließen ______________________

8 **Vervollständige die Sätze mit folgenden Verben im Präsens oder in der Imperativ-Form.**

– Vous .... une commande sur Internet?

– Oui, nous .... un sweat-shirt blanc.

– Regarde, ... la commande au panier.

– Vous ne .... pas le sweat noir?

– Oh, non, je .... des sweats blancs.

– Alors, ... le sweat blanc!

passer
commander
ajouter
préférer
porter
acheter

9 **Welche Adjektive verstecken sich hinter den Buchstaben?**

ttuigra – C'est ....? – Non, ça coûte deux euros.

mohec – Oh non, le jean est trop ....

tteepi – Ta jupe est trop ....

èrech – 15 euros? Elle est .... ta robe!

10 ***Qu'est-ce que c'est?*** **Finde die entsprechenden französischen Begriffe. Notiere die Wörter mit *le*, *la* oder *l'*.**

a) ....

b) ....

c) ....

d) ....

11 Vervollständige die Sätze mit den vorgegebenen Wörtern.

la classe | cher | possible | en solde | la mode | de poche

– On va faire du shopping? J'adore ....!

– Oui, on va chez Pim's? C'est pas .... et aujourd'hui il y a des vêtements ....

– Achète le t-shirt, c'est trop ....! Ça va bien avec ton jean.

– Mais 59 euros, ce n'est pas ....! Mon argent ...., c'est 50 euros…

Tipp:
Markiere Wörter oder Ausdrücke, die dir schwierig erscheinen oder die du immer wieder vergisst.

Bienvenue (à …)! [bjɛ̃vənya]	Willkommen (in …)!

Approche

une **salle de classe** [ynsaldəklas]	ein Klassenzimmer
une **salle** [ynsal]	ein Saal; ein Raum
une **classe** [ynklas]	eine Klasse
un **gymnase** [ɛ̃ʒimnaz]	eine Turnhalle
une **cantine** [ynkɑ̃tin]	eine Kantine
une **infirmerie** [ynɛ̃fiʀməʀi]	ein Krankenzimmer *(einer Schule)*
une **cour** [ynkuʀ]	ein Hof
un **CDI** (= un centre de documentation et d'information) [ɛ̃sedei]	ein CDI *(Dokumentations- und Informationsstelle einer Schule)*
les **toilettes** *(f.) (pl.)* [letwalɛt]	die Toilette
une **scène** [ynsɛn]	eine Szene
aller avec [aleavɛk]	passen zu

Atelier

montrer *qc* **à** *qn* [mɔ̃tʀe]	jdm. etw. zeigen
donner *qc* **à** *qn* [dɔne]	jdm. etw. geben
quelque chose [kɛlkəʃoz]	etwas
quelqu'un [kɛlkɛ̃]	jemand
un **surveillant**/ une **surveillante** [ɛ̃syrvɛjɑ̃/ynsyrvɛjɑ̃t]	eine Aufsichtsperson
un **documentaliste**/ une **documentaliste** [ɛ̃/yndɔkymɑ̃talist]	ein Schulbibliothekar/eine Schulbibliothekarin
l'**anglais** *(m.)* [lɑ̃glɛ]	Englisch

discret/discrète [diskʀɛ/diskʀɛt]	zurückhaltend
un **cours** [ɛ̃kuʀ]	eine Unterrichtsstunde
commencer [kɔmɑ̃se]	anfangen; beginnen

→ **commencer**
je **commence**, tu **commences**, il/elle/on **commence**, nous **commençons**, vous **commencez**, ils/elles **commencent**

Julie est stressée. [ʒyliɛstʀɛse]	Julie ist gestresst.
une **présentation** [ynpʀesɑ̃tasjɔ̃]	eine Präsentation; eine Vorstellung
l'**histoire-géo** *(f.)* [listwaʀʒeo]	Geschichte-Geografie *(Unterrichtsfach)*
manger [mɑ̃ʒe]	essen
ensemble [ɑ̃sɑ̃bl]	zusammen
un **élève**/une **élève** [ɛ̃nelɛv/ynelɛv]	ein Schüler/eine Schülerin
un **emploi du temps** [ɛ̃nɑ̃plwadytɑ̃]	ein Stundenplan
nonante [nonɑ̃t]	neunzig *(in Belgien/in der Schweiz)*
Comment? [kɔmɑ̃]	Wie?; Wie bitte?
au 2ᵉ étage [odøzjɛmetaʒ]	im 2. Stock
un **étage** [ɛ̃netaʒ]	eine Etage; ein Stockwerk
le **chemin** [ɛ̃ʃəmɛ̃]	der Weg
la **5ᵉA** (= la cinquième A) [ləsɛ̃kjɛma]	die 5A
Tu viens d'où? [tyvjɛ̃du]	Woher kommst du?
retrouver *qn* [ʀətʀuve]	jdn. treffen
J'ai 16 (sur 20). [ʒesɛz(syʀvɛ̃)]	Ich habe 16 Punkte (von 20).
Tiens! [tjɛ̃]	Schau mal!
un **nouveau** [ɛ̃nuvo]	ein Neuer

mignon/mignonne [miɲõ/miɲɔn]	niedlich; gutaussehend
l'**allemand** *(m.)* [lalmɑ̃]	Deutsch
avec nous [avɛknu]	mit uns
Je n'ai pas le temps. [ʒənepalətɑ̃]	Ich habe keine Zeit.
le **temps** [lətɑ̃]	die Zeit
l'**EPS** *(m.)* (= éducation physique et sportive) [lepeɛs]	Sportunterricht
cet après-midi [sɛtapʀɛmidi]	heute Nachmittag
Pas moi. [pamwa]	Ich nicht.
à votre avis [avɔtʀavi]	eurer Meinung nach
allumer [alyme]	einschalten
chatter [tʃate]	chatten
une **demande de contact** [yndəmɑ̃ddəkõtakt]	eine Freundschaftsanfrage
cliquer [klike]	klicken
confirmer [kõfiʀme]	bestätigen
un **chat** [ɛ̃tʃat]	ein Chat
Rien. [ʀjɛ̃]	Nichts.
les **devoirs** *(m.)* *(pl.)* [ledəvwaʀ]	die Hausaufgaben
les **maths** *(f.)* *(pl.)* *(fam.)* (= mathématiques) [lemat]	Mathe *(ugs.)*
une **interro** *(fam.)* (= interrogation) [ynɛ̃tɛʀo(gasjõ)]	eine Klassenarbeit
la semaine prochaine [lasəmɛnpʀɔʃɛn]	nächste Woche
réviser [ʀevize]	lernen; wiederholen
un **spectacle** [ɛ̃spɛktakl]	eine Aufführung; eine Vorführung
une **compagnie de danse** [ynkõpaɲidədɑ̃s]	eine Tanzgruppe

venir [vəniʀ]	kommen

→ **venir**
je **viens**, tu **viens**, il/elle/on **vient**, nous **venons**, vous **venez**, ils/elles **viennent**

tout de suite [tutsɥit]	sofort
C'est faux. [sɛfo]	Das ist falsch.
un **écran** [ɛ̃nekʀɑ̃]	ein Bildschirm
le **clavier** [ləklavje]	die Tastatur
la **souris** [lasuʀi]	die Maus
une **clé USB** [ynkleyɛsbe]	ein USB-Stick
un **portable** [ɛ̃pɔʀtabl]	ein Laptop; ein Notebook
une **tablette tactile** [yntablɛttaktil]	ein Tablet; ein Notepad
sur Internet [syʀɛ̃tɛʀnɛt]	im Internet
taper [tape]	tippen
un **code** [ɛ̃kɔd]	ein Code
une **école** [ynekɔl]	eine Schule
un/une **prof** *(fam.)* (= professeur) [ɛ̃/ynpʀɔf(esœʀ)]	ein Lehrer/eine Lehrerin
le **prof principal**/la **prof principale** [ləpʀɔfpʀɛ̃sipal/lapʀɔfpʀɛ̃sipal]	der Klassenlehrer/die Klassenlehrerin
une **matière** [ynmatjɛʀ]	ein Unterrichtsfach
préféré/préférée [pʀefeʀe]	Lieblings-
j'apprends [ʒapʀɑ̃]	ich lerne
le **français** [ləfʀɑ̃sɛ]	Französisch
depuis [dəpɥi]	seit
jusqu'à trois heures [ʒyskatʀwazœʀ]	bis drei Uhr

1 Finde die passenden Wörter und schreibe sie auf. Füge *le*, *la* oder *les* hinzu.

a) ....

b) ....

l'école

e) ....

c) ....

d) ....

2 Ergänze die Formen des anderen Geschlechts.

männlich ♂	weiblich ♀
	une documentaliste
un prof	
un surveillant	
	une élève
un danseur	

3 **Kreuze die Unterrichtsfächer an.**

- ☐ les maths
- ☐ le français
- ☐ les devoirs
- ☐ l'interro
- ☐ l'allemand
- ☐ l'histoire-géo
- ☐ le cours
- ☐ l'EPS
- ☐ l'anglais

4 **Wie nennt man die abgebildeten Dinge? Notiere die Wörter mit *un* oder *une*.**

a) ....

b) ....

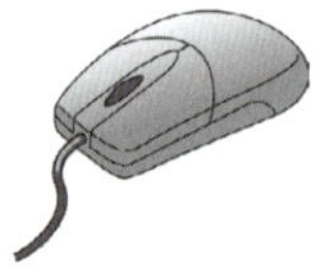

c) ....

d) ....

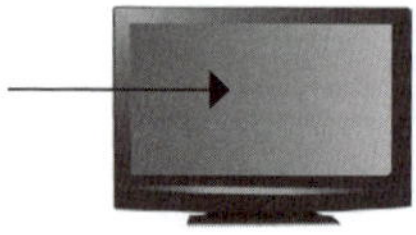

e) ....

5 Welche Verben zum Thema „l'ordinateur" kennst du schon?

t	i	c	h	a	t	t	e	r
a	b	l	p	l	o	p	o	s
p	o	i	m	l	c	i	g	o
e	u	q	n	u	o	b	i	p
r	e	u	o	m	n	o	n	m
ô	e	e	e	e	t	u	s	n
l	a	r	d	r	c	i	g	o
e	r	l	è	p	o	b	i	p
c	o	n	f	i	r	m	e	r

a) anklicken ....

b) bestätigen ....

c) tippen ....

d) einschalten ....

e) chatten ....

6 Fülle die Lücken mit den Verben aus Übung 5 in der passenden Form.

Pour .... , regarde! D'abord, on .... l'ordinateur. Tu as une demande de contact d'un ami ou d'une amie? Alors, tu .... sur «..». Après, tu .... ton message et voilà! C'est super facile!

7 Verbinde die Teile miteinander.

1. Il y a 5 ? dans mon livre.
2. Demain, il y a un spectacle de ?.
3. On ? ensemble à la cantine?
4. Le surveillant est dans la ? avec les élèves.
5. Regarde dans ton ?! Les cours commencent à 8 heures.
6. Cet après-midi? Je n'ai pas le ?!

a) salle de permanence
b) emploi du temps
c) leçons
d) danseurs
e) mange
d) temps

1.	2.	3.	4.	5.	6.

8 Kreuze die richtigen Antworten an.

a) Du möchtest wissen, woher dein Freund kommt.

- ☐ Tu viens d'où?
- ☐ Comment?

b) Du antwortest: „Nichts".

- ☐ Chuis.
- ☐ Rien.

c) Du sagst:„Ich nicht!"

- ☐ Pas moi.
- ☐ Rien.

d) Du staunst über etwas.

- ☐ Tiens!
- ☐ A votre avis.

Tipp:
Lerne bei Verben die Ergänzungen mit:
z. B.: acheter **qc**
répondre **à qn**

enfin [ɑ̃fɛ̃]	schließlich; endlich
un **week-end** [ɛ̃wikɛnd]	ein Wochenende

Approche

un **café** [ɛ̃kafe]	ein Café
un **stade** [ɛ̃stad]	ein Stadion; ein Sportstadion
un **supermarché** [ɛ̃sypɛʀmaʀʃe]	ein Supermarkt
ce week-end [səwikɛnd]	am Wochenende
un **parc** [ɛ̃paʀk]	ein Park
le **centre-ville** [ləsɑ̃tʀəvil]	das Stadtzentrum

Atelier

Qu'est-ce que tu as fait hier?	Was hast du gestern gemacht?
hier [jɛʀ]	gestern
téléphoner [telefɔne]	telefonieren
rencontrer *qn* [ʀɑ̃kɔ̃tʀe]	jdn. treffen
rien de spécial [ʀjɛ̃dəspesjal]	nichts Besonderes
ensuite [ɑ̃sɥit]	danach; dann
J'ai traîné, quoi. [ʒetʀɛnekwa]	Ich habe halt gechillt.
traîner *(fam.)* [tʀene]	herumhängen *(ugs.)*; chillen *(ugs.)*
C'est toujours d'accord pour le ciné? [sɛtuʒuʀdakɔʀpuʀləsine]	Und, gehen wir noch ins Kino?
d'abord [dabɔʀ]	zunächst; zuerst
puis [pɥi]	danach; dann
le **sport** [ləspɔʀ]	die Sportart; (der) Sport
Quel cinéma! [kɛlsinema]	So ein Theater!
Il ne répond pas au téléphone. [ilnərepɔ̃paotelefɔn]	Er meldet sich nicht.

un **téléphone** [ɛ̃telefɔn]	ein Telefon
une **séance** [ynseɑ̃s]	eine Vorstellung
oublier [ublije]	vergessen
Elles mangent du popcorn.	Sie essen Popcorn.
raconter [ʀakõte]	erzählen
Tu m'énerves! [tymenɛʀv]	Du nervst mich!
pour moi [puʀmwa]	für mich
être en retard [ɛtʀɑ̃ʀətaʀ]	zu spät kommen; spät dran sein
C'est toute une histoire. [sɛtutynistwaʀ]	Das ist eine lange Geschichte.
une **histoire** [ynistwaʀ]	eine Geschichte
un portefeuille avec 200 euros dedans	eine Brieftasche mit 200 Euro (drin)
un **portefeuille** [ɛ̃pɔʀt(ə)fœj]	eine Brieftasche
C'était super. [setɛsypɛʀ]	Das war super.
dans la rue [dɑ̃laʀy]	auf der Straße
un **immeuble** [ɛ̃nimœbl]	ein Wohnhaus
ramasser [ʀamase]	einsammeln; aufheben
un **commissariat** [ɛ̃kɔmisaʀja]	ein Polizeirevier
Attendez! [atɑ̃de]	Wartet!
Pas de panique. [padəpanik]	Keine Panik.
les **papiers** *(m.) Pl* [lepapje]	die Ausweispapiere; die Papiere
un **voisin**/une **voisine** [ɛ̃vwazɛ̃/ynvwazin]	ein Nachbar/ eine Nachbarin
C'est une autre histoire.	Das ist eine andere Geschichte.
Elle a fait une drôle de tête. [ɛlafɛyndʀoldətɛt]	Sie hat ein komisches Gesicht gemacht.
Elle nous a donné 20 euros.	Sie hat uns 20 Euro gegeben.
une **gaufre** [yngɔfʀ]	eine Waffel
Je vous invite. [ʒəvuzɛ̃vit]	Ich lade euch ein.
Qui ...? [ki]	Wer ...?

un **policier** [ɛ̃pɔlisje]	ein Polizist
J'ai perdu mon portefeuille.	Ich habe meine Brieftasche verloren.
vers onze heures [vɛʀõzœʀ]	gegen elf Uhr
les **courses** *(f.) (pl.)* [lekuʀs]	die Einkäufe
Il est comment? [ilɛkɔmɑ̃]	Wie sieht er/sie/es aus?
une **carte bancaire** [ynkaʀtbɑ̃kɛʀ]	eine Kreditkarte
un **porte-monnaie**/des **porte-monnaies** [ɛ̃pɔʀt(ə)mɔnɛ/depɔʀt(ə)mɔnɛ]	ein Geldbeutel/Geldbeutel
le week-end dernier [ləwikɛnddɛʀnje]	letztes Wochenende
attendre *qn/qc* [atɑ̃dʀ]	auf jdn./etw. warten

→ **attendre**
j'**attends**, tu **attends**, il/elle/on **attend**,
nous **attendons**, vous **attendez**, ils/elles **attendent**

répondre à *qn* [ʀepõdʀ]	jdm. antworten

→ **répondre**
je **réponds**, tu **réponds**, il/elle/on **répond**,
nous **répondons**, vous **répondez**, ils/elles **répondent**

une **dame** [yndam]	eine Frau; eine Dame
demander *qc* **à** *qn* [dəmɑ̃de]	jdn. (nach) etw. fragen
une **caissière** [ynkɛsjɛʀ]	eine Kassiererin
il dit [ildi]	er sagt

1 **Womit verbindest du das Thema „le supermarché"? Ergänze das Wörternetz mit Vokabeln aus der Lektion. Notiere die Nomen mit *un*, *une* oder *des*.**

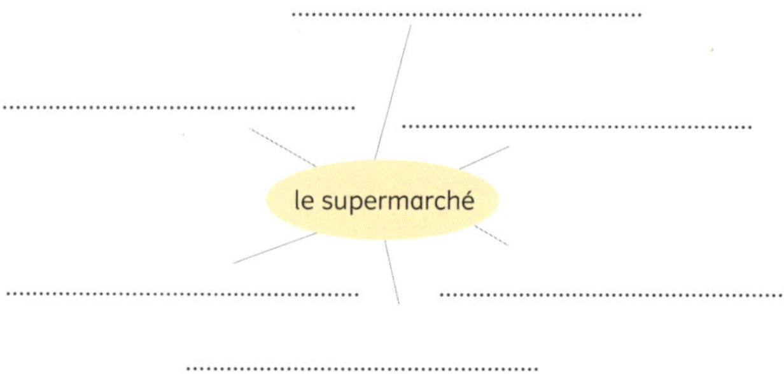

2 **Lies die Definitionen und trage die Wörter in die Kästchen ein.**

a)
b)
c)
d)
e)

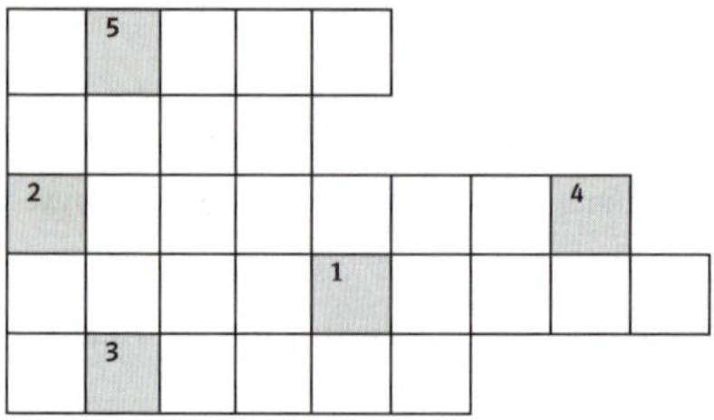

a) Il y a des matchs de foot là-bas. un …

b) Ce n'est pas un monsieur. une …

c) Il est dans un commissariat. un …

d) Son travail est dans un supermarché. une …

e) Il habite dans ton immeuble. un …

Lösungswort:

1	2	3	4	5

3 Vervollständige den Text.

Amélie ....  :

«Allô, Pierre? On va au .... 

ensemble? Et après, on va manger une

....  . Tu es d'accord!? …

Qu'est-ce que tu racontes? Ton ....

 avec 100 euros dedans et tu es au

....  ? Pas de panique!

J'arrive!»

4 Kreuze die richtigen Antworten an.

a) Du findest etwas unglaublich übertrieben. Was sagst du?

- ☐ Quel cinéma!
- ☐ Attendez!

b) Dein Freund nervt dich. Was sagst du?

- ☐ Tu m'énerves.
- ☐ Ça m'énerve.

c) Du sagst: „Wie sieht er aus?"

- ☐ Il est comment?
- ☐ C'est d'accord pour …?

d) Du findest etwas nicht besonderes. Was sagst du?

- ☐ Ce n'est pas vrai.
- ☐ Rien de spécial.

e) Du hast eine lange Geschichte zu erzählen. Was sagst du?

- ☐ C'est toute une histoire.
- ☐ C'est une autre histoire.

5 Trage die französischen Verben in das Gitternetz ein.

a)										
b)										
c)										
d)										
e)										
f)										

a) warten ....

b) aufheben ....

c) vergessen ....

d) fragen ....

e) treffen ....

f) antworten ....

6 Wie heißen noch diese verflixten kleinen Wörter?

endlich ....

gestern ....

also ....

danach e..

dann p..

Tipp:
Versuche, jeden Tag 10 Minuten lang Wörter zu lernen. Es bringt mehr als einmal eine Stunde in der Woche.

une **balade** [ynbalad]	ein Ausflug; ein Spaziergang
une **découverte** [yndekuvɛʀt]	eine Entdeckung

Approche

une **partie de pétanque** [ynpaʀtidəpetɑ̃k]	eine Partie Boules
une **sortie** [ynsɔʀti]	ein Ausflug
romain/romaine [ʀɔmɛ̃/ʀɔmɛn]	römisch
les **arènes** *(f.) (pl.)* [lezaʀɛn]	die Arena/Arenen
une **spécialité** [ynspesjalite]	eine Spezialität
une **olive** [ynɔliv]	eine Olive
l'**huile d'olive** *(f.)* [lɥildɔliv]	das Olivenöl
la **lavande** [lalavɑ̃d]	der Lavendel
le **miel** [ləmjɛl]	der Honig
un **melon** [ɛ̃məlɔ̃]	eine Melone
un **reportage** [ɛ̃ʀəpɔʀtaʒ]	eine Reportage
la **radio** [laʀadjo]	das Radio; der Rundfunk
Quels sont ...? [kɛlsɔ̃]	Welche sind ...?
un **produit** [ɛ̃pʀɔdɥi]	ein Produkt; ein Erzeugnis
une **région** [ynʀeʒjɔ̃]	eine Gegend; eine Region
Que fait ...? [kəfɛ]	Was macht ...?
un **chauffeur de taxi** [ɛ̃ʃofœʀdətaksi]	ein Taxifahrer
avoir envie de faire *qc* [avwaʀɑ̃vidəfɛʀ]	Lust haben, etw. zu tun
Qu'est-ce que tu vas faire?	Was wirst du tun?
avant [avɑ̃]	vor *(zeitlich)*
le **printemps** [ləpʀɛ̃tɑ̃]	der Frühling
une **ville** [ynvil]	eine Stadt

Ce n'est pas loin.	Es ist nicht weit weg.
un **vélo** [ɛ̃velo]	ein Fahrrad
prendre des photos [pʀɑ̃dʀdefɔto]	Fotos machen; fotografieren
Pourquoi pas. [puʀkwapa]	Warum nicht.
Il va faire quel temps?	Wie wird das Wetter?
la **météo** [lameteo]	der Wetterbericht; die Wettervorhersage
près d'ici [pʀɛdisi]	hier in der Nähe
une **carte** [ynkaʀt]	eine Karte
un **GPS** [ɛ̃ʒepeɛs]	ein Navigationsgerät
proposer [pʀɔpoze]	vorschlagen
spectaculaire [spɛktakylɛʀ]	beeindruckend; spektakulär
Ça fait combien de kilomètres?	Wie viele Kilometer sind das?
un **kilomètre** [ɛ̃kilɔmɛtʀ]	ein Kilometer
une **route** [ynʀut]	eine Landstraße; eine Straße
environ [ɑ̃viʀɔ̃]	etwa; ungefähr
Ce n'est pas mon truc. [sənɛpamɔ̃tʀyk]	Das ist nicht mein Ding.
une **voiture** [ynvwatyʀ]	ein Auto
pique-niquer [piknike]	ein Picknick machen
un **viaduc** [ɛ̃viadyk]	ein Viadukt
Il faut ... [ilfo]	Wir müssen ...
contrôler [kɔ̃tʀole]	kontrollieren
un **VTT** (= vélo tout terrain)/ des **VTT** [ɛ̃vetete/devetete]	ein Mountainbike
le lendemain [ləlɑ̃dəmɛ̃]	am folgenden Tag; am Tag darauf
une **bouteille** [ynbutɛj]	eine Flasche
un **casque** [ɛ̃kask]	ein Sturzhelm
C'est parti! [sɛpaʀti]	Los geht's!
devant [dəvɑ̃]	vorn/vorne

avancer [avɑ̃se]	vorwärts kommen; voranzukommen

→ **avancer**
j'**avance**, tu **avances**, il/elle/on **avance**, nous **avançons**, vous **avancez**, ils/elles **avancent**

Pas si vite! [pasivit]	Nicht so schnell!
un **croisement** [ɛ̃kʀwazmɑ̃]	eine Kreuzung
Il commence à pleuvoir.	Es fängt an zu regnen.
Je n'ai plus de batterie.	Mein Akku ist leer.
une **batterie** [ynbatʀi]	ein Akku
J'ai chaud. [ʒeʃo]	Mir ist heiß.; Mir ist warm.
C'est encore loin?	Ist es noch weit?
Dépêchez-vous! [depeʃevu]	Beeilt euch!
Ils pédalent comme des fous. [ilpedalkɔmdefu]	Sie treten wie verrückt in die Pedale.
plus tard [plytaʀ]	später
le bon chemin [ləbɔ̃ʃəmɛ̃]	der richtige Weg
retourner (à) [ʀəturne]	umkehren; zurückkehren (zu/nach)
quand même [kɑ̃mɛm]	doch; wohl
C'est galère! *(fam.)* [sɛgalɛʀ]	Echt ätzend! *(ugs.)*
Je suis crevé(e). [ʒəsɥikʀəve]	Ich bin fertig.; Ich bin kaputt.
une **pause** [ynpoz]	eine Pause
demander le chemin [dəmɑ̃deləʃəmɛ̃]	nach dem Weg fragen
La boulangerie est fermée.	Die Bäckerei ist zu/geschlossen.
On demande aux gens là-bas.	Wir fragen die Leute dort.
les **gens** *(m.) (pl.)* [leʒɑ̃]	die Leute
installer [ɛ̃stale]	aufstellen; einrichten; *hier:* vorbereiten
un **pont** [ɛ̃pɔ̃]	eine Brücke
avant de manger [avɑ̃dəmɑ̃ʒe]	vor dem Essen

plonger [plõʒe]	tauchen
prendre [pʀɑ̃dʀ]	nehmen

→ **prendre**
je **prends**, tu **prends**, il/elle/on **prend**, nous **prenons**, vous **prenez**, ils **prennent**

une **baguette** [ynbagɛt]	ein Baguette
le **soleil** [ləsɔlɛj]	die Sonne
On joue aux dés. [õʒuode]	Wir machen ein Würfelspiel.
un **orage** [ɛ̃nɔʀaʒ]	ein Gewitter
Il neige. [ilnɛʒ]	Es schneit.
Il y a du vent. [iljadyvɑ̃]	Es ist windig.
le **vent** [ləvɑ̃]	der Wind
la **tempête** [latɑ̃pɛt]	der Sturm; das Unwetter
Il y a du soleil. [ilijadysɔlɛj]	Es ist sonnig.
prochain/prochaine [pʀɔʃɛ̃/pʀɔʃɛn]	nächster/nächste/nächstes
proposer de faire *qc* [pʀɔpoze]	vorschlagen, etw. zu tun
à pied [apje]	zu Fuß
en bateau [ɑ̃bato]	mit dem Boot; mit dem Schiff
C'est trop loin.	Das ist zu weit.
Il va pleuvoir. [ilvaplœvwaʀ]	Es wird regnen.
C'est trop tôt. [sɛtʀoto]	Das ist zu früh.

1 **Trage die abgebildeten Wörter in das Wörternetz ein. Notiere die Wörter mit *un* oder *une*.**

b) ....

a) ....

c) ....

sur la route

d) ....

e) ....

2 **Wie nennt man die abgebildeten Dinge? Notiere die Wörter mit *le*, *la* oder *l'*.**

a) ....

b) ....

c) ....

d) ....

e) ....

3 *Quelle saison?* **Welche Jahreszeit ist abgebildet? Notiere die Wörter mit *le*, *la* oder *l'*.**

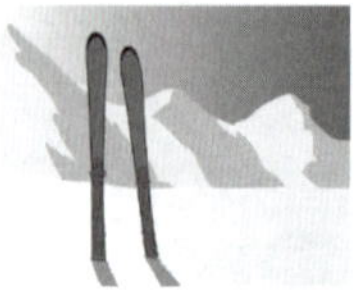

a) .... b) ....

c) .... d) ....

4 *Il fait quel temps?* **Wie ist das Wetter?**

a) Il ....

b) J'ai ....

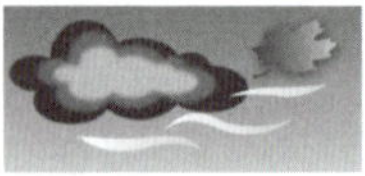

c) Il y a ....

d) Il fait ....

e) Il commence à ....

5 Finde im Gitternetz folgende Verben.

a)									
b)									
c)									
d)									
e)									
f)									

a) vorschlagen ....

b) weggehen ....

c) kontrollieren ....

d) umkehren ....

e) nehmen ....

f) tauchen ....

6 Vervollständige den Text mit denVerben aus Übung 5.

Samedi, on ....  à 9 heures.

Je .... d'aller faire une balade en vélo.

Mais d'abord, il faut .... les VTT. Après, on va

....  dans l'eau et on va

pique-niquer. Mais samedi, il va pleuvoir. Alors, il faut

.... à la maison tôt. D'accord?

7 Kreuze die richtigen Antworten an.

a) Du findest etwas unglaublich. Was sagst du?
- ☐ Pourquoi pas.
- ☐ C'est spectaculaire.

b) Du sagst, dass etwas nicht dein Ding ist.
- ☐ Ce n'est pas mon truc.
- ☐ Je suis crevé.

c) Du möchtest, dass deine Freunden sich beeilen.
Was sagst du?
- ☐ Attendez!
- ☐ Dépêchez-vous!

d) Du findest etwas ätzend. Was sagst du?
- ☐ C'est galère!
- ☐ C'est parti!

e) Du sagst, dass es zu weit ist.
- ☐ C'est trop loin.
- ☐ C'est trop tôt.

8 Verbinde die Teile miteinander. Fülle das Raster aus.

1. Es ist sonnig.
2. Es wird regnen.
3. Es fängt an zu schneien.
4. Es ist mir heiß.
5. Es ist windig.

a) Il va pleuvoir.
b) J'ai chaud.
c) Il y a du vent.
d) Il fait soleil.
e) Il commence à neiger.

1.	2.	3.	4.	5.

Tipp:
Schreibe die neuen Vokabeln in dein eigenes Vokabellernheft und sortiere sie nach Themen. Immer, wenn du ein neues Wort dazulernst, ergänze deine Wörterlisten.

Ça me fascine! [saməfasin]	Das fasziniert mich!
fasciner [fasine]	begeistern; faszinieren

Approche

le **char à voile** [ləʃaʀavwal]	Strandsegeln
le **kitesurf** [ləkaitsɜʀf]	Kitesurfen
le **canyoning** [ləkanjɔniŋ]	Canyoning
l'**escalade** *(f.)* [lɛskalad]	Klettern
la **slackline** [laslæklain]	Slacken; die Slackline
un **centre équestre** [ɛ̃sɑ̃tʀekɛstʀ]	ein Reiterhof

Atelier

Je veux faire ... [ʒəvøfɛʀ]	Ich möchte ... *(+Verb)*
Qu'est-ce qu'on peut faire? [kɛskɔ̃pøfɛʀ]	Was kann man machen?; Was können wir machen?
vouloir [vulwaʀ]	wollen
pouvoir [puvwaʀ]	können
Oui, je veux bien.	Ja, gern.
une **journée portes ouvertes** [ynʒuʀnepɔʀtuvɛʀt]	ein Tag der offenen Tür
Julie a le moral à zéro.	Julie ist niedergeschlagen.
le **stress** [ləstʀɛs]	der Stress
une **visite** [ynvizit]	eine Besichtigung; ein Besuch
une **balade à cheval** [ynbaladaʃəval]	ein Ausritt
un **cheval**/des **chevaux** [ɛ̃ʃ(ə)val/deʃ(ə)vo]	ein Pferd/Pferde
Le soleil brille. [ləsɔlɛjbʀij]	Die Sonne scheint.
Quelle chance! [kɛlʃɑ̃s]	Was für ein Glück!
une **tente** [yntɑ̃t]	ein Zelt

5 Leçon

l'**entrée** *(f.)* [lɑ̃tʀe]	der Eingang
Tu es Julie, n'est-ce pas? [tyɛʒylinɛspa]	Du bist Julie, oder?
connaître [kɔnɛtʀ]	kennen (lernen)

→ **connaître**
je **connais**, tu **connais**, il/elle/on **connaît**, nous **connaissons**, vous **connaissez**, ils/elles **connaissent**

la jeune fille [laʒœnfij]	das junge Mädchen
Il a plein de photos.	Er hat viele Fotos.
tous ses copains [tusekɔpɛ̃]	alle seine Freunde
Tout le monde est en action.	Alle sind beschäftigt.
un **moniteur**/une **monitrice** [ɛ̃mɔnitœʀ/ynmɔnitʀis]	ein Betreuer/eine Betreuerin
une **boisson** [ynbwasõ]	ein Getränk
Il fait les présentations.	Er stellt alle vor.
poser [poze]	stellen; setzen; legen
On peut vous aider?	Können wir euch helfen?; Können wir Ihnen helfen?
aider *qn* [ede]	jdm. helfen
Si vous voulez. [sivuvule]	Wenn Sie wollen.; Wenn ihr wollt.
un **buffet** [ɛ̃byfɛ]	ein Büffet
une **assiette** [ynasjɛt]	ein Teller
C'est gentil. [sɛʒɑ̃ti]	Das ist nett.
coller [kɔle]	kleben; ankleben
une **affiche** [ynafiʃ]	ein Plakat
la **SPA** (= Société Protectrice des Animaux) [laɛspea]	der Tierschutzverein
vendre [vɑ̃dʀ]	verkaufen

→ **vendre**
je **vends**, tu **vends**, il/elle/on **vend**, nous **vendons**, vous **vendez**, ils **vendent**

au profit de [opʀɔfidə]	zugunsten
un **visiteur**/une **visiteuse** [ɛ̃vzitœʀ/ynvizitøz]	ein Besucher/eine Besucherin

Tu veux faire le guide? [tyvøfɛʀləgid]	Möchtest du die Führung machen?
beaucoup de visiteurs [bokudəvizitœʀ]	viele Besucher
un **box**/des **box** [ɛ̃bɔks/debɔks]	*hier:* eine Pferdebox
caresser [kaʀese]	streicheln
un **tour de poney** [ɛ̃tuʀdəpɔni]	ein Ponyritt
l'**ambiance** *(f.)* [lɑ̃bjɑ̃s]	die Atmosphäre; die Stimmung
expliquer *qc* **à** *qn* [ɛksplike]	jdm. etw. erklären
le **travail** [lətʀavaj]	die Arbeit
derrière [dɛʀjɛʀ]	hinter
Malika et Julie n'arrêtent pas une seconde.	Malika und Julie arbeiten pausenlos.
arrêter [aʀete]	aufhören
une **seconde** [ynsəgɔ̃d]	eine Sekunde
boire [bwaʀ]	trinken

→ **boire**
je **bois**, tu **bois**, il/elle/on **boit**, nous **buvons**,
vous **buvez**, ils/elles **boivent**

un **jus de pomme** [ɛ̃ʒyd(ə)pɔm]	ein Apfelsaft
une **menthe à l'eau** [ynmɑ̃talo]	ein Minzsirup mit Wasser
Est-ce qu'il y a encore du jus de pomme?	Ist noch Apfelsaft da?
un **frigo** *(fam.)* [ɛ̃fʀigo]	ein Kühlschrank
Un instant, monsieur.	Einen Moment, bitte.
Il y a encore du travail.	Es gibt noch einiges zu tun.
Ils cherchent un endroit où ils peuvent monter la tente.	Sie suchen eine Stelle, wo sie das Zelt aufstellen können.
monter une tente [mɔ̃teyntɑ̃t]	ein Zelt aufstellen

pendant ce temps [pɑ̃dɑ̃sətɑ̃]	währenddessen
Ils s'occupent des chevaux. [ilsɔkypdeʃəvo]	Sich kümmern sich um die Pferde.
comme d'habitude [kɔmdabityd]	wie sonst; wie immer
Tu veux appeler le vétérinaire?	Willst du den Tierarzt anrufen?
appeler [ap(ə)le]	rufen; anrufen

→ **appeler**
j'**appelle**, tu **appelles**, il/elle/on **appelle**,
nous **appelons**, vous **appelez**, ils/elles **appellent**

un **vétérinaire**/une **vétérinaire** [ɛ̃veteʀinɛʀ/ynveteʀinɛʀ]	ein Tierarzt/ eine Tierärztin
surveiller [syʀvɛje]	überwachen
Pour terminer la journée ...	Am Ende des Tages ...
... tout le monde se retrouve autour de la table.	... versammeln sich alle rund um den Tisch.
autour de ... [otuʀdə]	um ... herum
compter [kɔ̃te]	zählen
l'**argent** *(m.)* [laʀʒɑ̃]	das Geld
gagner [gaɲe]	verdienen
Un grand merci à tous. [ɛ̃gʀɑ̃mɛʀsiatus]	Ein großes Dankeschön an alle.
Vous voulez faire une balade à cheval?	Wollt ihr ausreiten?; Wollen Sie ausreiten?
décrire une photo [dekʀiʀynfoto]	ein Foto beschreiben
On voit ... [ɔ̃vwa]	Man sieht ...
On peut voir ... [ɔ̃pøvwaʀ]	Man kann ... sehen.
dans le fond [dɑ̃ləfɔ̃]	im Hintergrund
au milieu de [omiljødə]	in der Mitte (von)
Tu peux m'aider?	Kannst du mir helfen?
volontiers [vɔlɔ̃tje]	gern

vouloir [vulwaʀ]	wollen

> **vouloir**
> je **veux**, tu **veux**, il/elle/on **veut**, nous **voulons**, vous **voulez**, ils/elles **veulent**

pouvoir [puvwaʀ]	können

> **pouvoir**
> je **peux**, tu **peux**, il/elle/on **peut**, nous **pouvons**, vous **pouvez**, ils/elles **peuvent**

organiser [ɔʀganise]	organisieren
un **verre** [ɛ̃vɛʀ]	ein Glas
un **morceau**/des **morceaux** [ɛ̃mɔʀso/demɔʀso]	ein Stück/Stücke
un **cake aux olives** [ɛ̃keikozɔliv]	ein Olivenkuchen
une **assiette de charcuterie** [ynasjɛtdəʃaʀkytʀi]	ein Wurstteller
une **verrine de fruits** [ynvɛʀindəfʀɥi]	ein Nachtisch im Glas mit Früchten
Vous pouvez payer à la caisse. [vupuvepɛjealakɛs]	Sie können an der Kasse bezahlen.
une **serviette** [ynsɛʀvjɛt]	eine Serviette

1 Womit verbindest du das Thema „les activités“? Ergänze das Wörternetz mit Vokabeln aus der Lektion. Notiere die Wörter mit *le*, *la* ou *l'*.

b) ....

a) ....

les activités

c) ....

e) ....

d) ....

2 Kreuze die richtigen Antworten an.

a) Du findest etwas faszinierend. Was sagst du?
- ☐ Ça me fascine!
- ☐ Ça te fascine?

b) Du fragst deinen Freund, was er machen möchte.
- ☐ Qu'est-ce que tu veux faire?
- ☐ Qu'est-ce que tu peux faire?

c) Du möchtest etwas gerne machen/haben. Was sagst du?
- ☐ Si vous voulez.
- ☐ Je veux bien.

d) Du möchtest dich bei allen bedanken. Was sagst du?
- ☐ Un grand merci à tous.
- ☐ Bienvenue!

3 Übersetze folgende Sätze.

a) Alle treffen sich um den Tisch herum.

....

b) Sie können an der Kasse bezahlen.

....

c) Ist noch Apfelsaft da?

....

d) Ihr könnt die Stühle hertragen.

....

e) Sie kennt das Mädchen nicht.

....

f) Julies Stimmung ist am Nullpunkt.

....

4 Ergänze den Text.

portes ouvertes | cheval | tour de poney | box | caresser | visite | équestre | balade

Le .... , c'est fantastique!

Venez faire une .... ou une ....

à cheval dans notre centre .... Samedi 15

juin, c'est journée .... entre 13

heures et 17 heures pour toute la famille. Les enfants

de 5 à 10 ans peuvent faire un ....

ou .... les chevaux dans leurs

.... Venez tous!

5 *Qu'est-ce que c'est?* Wie nennt man die abgebildeten Dinge? Notiere die Wörter mit *un*, *une* oder *des*.

a) .... b) ....

c) .... d) ....

e) ....

6 **Gegenteil (≠) oder Synonym (=)? Trage das richtige Symbol ein.**

commencer		terminer
appeler		téléphoner
vendre		acheter
Le soleil brille.		Il fait soleil.

7 **Übersetze folgende Ausdrücke.**

Deutsch	Französisch
	Quelle chance!
	comme d'habitude
	Un instant, monsieur.
	Bienvenue!
	C'est gentil.
	volontiers

8 **Wo befindet sich das Pferd (✖)? Kreuze die richtigen Antworten an.**

a) 
- ☐ Il est à au fond du box.
- ☐ Il est autour du box.

b) 
- ☐ Il est derrière le box.
- ☐ Il est devant le box.

c) 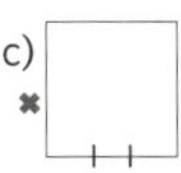
- ☐ Il est à côté du box.
- ☐ Il est au milieu du box.

9 Ergänze die Tabelle.

Singular	Plural
un cheval	
un box	
	des morceaux
un animal	
un travail	

10 Lies die Definitionen und trage die Wörter ein.

a)											
b)											
c)											
d)											
e)											

a) Elle visite. une …

b) Il s'occupe des animaux. un …

c) Il travaille dans un centre équestre. un …

d) Il y a 60 ? dans une minute. une …

e) C'est un jus de pomme ou une menthe à l'eau. une …

LÖSUNGEN

Leçon 1

1. une jupe – un blouson – un jean – un pantalon
2. a) un pantalon b) une robe c) une jupe d) un blouson e) un sweat-shirt f) des baskets g) un manteau h) une chemise
3. a) rouge b) bleu c) jaune d) orange e) noir
4. a) vert b) gris c) orange
5.

Deutsch	Französisch
Was ist das?	C'est quoi, ça?
Pass auf!	Fais attention!
Zu geil!	Trop la classe!
Du machst wohl Witze.	Tu rigoles.
Beweg dich nicht!	Ne bouge pas!
Keiner hat's gesehen.	Ni vu, ni connu.
Psst!	Chut!
Ich entschuldige mich.	Je m'excuse.
Guten Abend.	Bonsoir.

6. a) C'est parfait. b) Ça te va très bien. c) Ça me va? d) Ce n'est pas assez chic. e) C'est génial!
7. a) commander b) porter c) rentrer d) bouger e) fermer
8. – Vous **passez** une commande sur Internet?
   – Oui, nous **commandons** un sweat-shirt blanc.
   – Regarde, j'**ajoute** la commande au panier.
   – Vous ne **préférez** pas le sweat noir?
   – Oh, non, je **porte** des sweats blancs.
   – Alors, **achète** le sweat blanc!
9. – C'est **gratuit**? – Non, ça coûte deux euros.
   – Oh non, le Jean est trop **moche**.
   – Ta jupe est trop **petite**.
   – 15 euros? Elle est **chère** ta robe!
10. a) le clown b) la télé(vision) c) le tennis d) la salle de bains
11. – On va faire du shopping? J'adore **la mode!**
    – Oui, on va chez Pim's? C'est pas **cher** et aujourd'hui il y a des vêtements **en solde**.

– Achète le t-shirt, c'est trop **la classe!** Ça va bien avec ton jean.
– Mais 59 euros, ce n'est pas **possible!** Mon argent **de poche**, c'est 50 euros…

Leçon 2

1. a) la cantine b) le gymnase c) les toilettes d) le CDI e) la salle de classe

2.

männlich	weiblich
une documentaliste	une documentatiste
un prof	une prof
un surveillant	une surveillant
un élève	une élève
un danseur	une danseuse

3. les maths – le français – l'allemand – l'histoire-géo – l'anglais – l'EPS
4. a) une tablette tactile b) une souris c) un clavier d) un portable e) un écran
5. a) cliquer b) confirmer c) taper d) allumer e) chatter
6. Pour **chatter**, regarde! D'abord, on **allume** l'ordinateur. Tu as une demande de contact d'un ami ou d'une amie? Alors, tu **cliques** sur «**Confirmer**». Après, tu **tapes** ton message et voilà! C'est super facile!
7.

1.	2.	3.	4.	5.	6.
c	d	e	a	b	d

8.

a) Tu viens d'où? b) Rien. c) Pas moi. d) Tiens!

Leçon 3

1. un portefeuille – un porte-monnaie – une caissière – une carte bancaire – des courses – acheter …
2. a) un stade b) une dame c) un policier d) une caissière e) un voisin **Lösungswort:** sport

3. Amélie **téléphone**:
«Allô, Pierre? On va au **parc** ensemble? Et après, on va manger une **gaufre**. Tu es d'accord!?... Qu'est-ce que tu racontes? Ton **portefeuille** avec 100 euros dedans et tu es au **commissariat**? Pas de panique! J'arrive!»

4. a) Quel cinéma! b) Tu m'énerves. c) c) Il est comment? d) Rien de spécial. e) C'est toute une histoire.

5. a) attendre b) ramasser c) oublier d) demander e) rencontrer f) répondre

6.

endlich	**enfin**
gestern	**hier**
also	**quoi**
danach	**ensuite**
dann	**puis**

Leçon 4

1. a) un bus b) un casque c) une voiture d) une carte e) un vélo

2. a) l'olive b) la lavande c) le miel d) l'arène e) le pont

3. a) l'hiver b) le printemps c) l'été e) l'automne

4. a) Il neige. b) J'ai chaud. c) Il y a du vent. d) Il fait soleil. e) Il commence à pleuvoir.

5. a) proposer b) partir c) contrôler d) retourner e) prendre f) plonger

6. Demain, on **part** à 9 heures. Je **propose** d'aller faire une balade en vélo. Mais d'abord, il faut **contrôler** les VTT. Après, on va **plonger** dans l'eau et on va faire un pique-nique. Mais samedi, il va pleuvoir. Alors, il faut **rentrer** à la maison tôt. D'accord?

7. a) C'est spectaculaire. b) Ce n'est pas mon truc. c) Dépêchez-vous! d) C'est galère! e) C'est trop loin.

8.

1.	2.	3.	4.	5.
d	a	e	b	c

Leçon 5

1. a) le char à voile b) l'escalade c) le kitesurf d) le canyoning e) la slackline

2. a) Ça me fascine! b) Qu'est-ce que tu veux faire? c) Je veux bien. d) Un grand merci à tous.

3. a) Tout le monde se retrouve à table.
b) Vous pouvez payer à la caisse.
c) Est-ce qu'il y a encore du jus de pomme?
d) Vous pouvez apporter les chaises.
e) Elle ne connaît pas la fille.
f) Julie a le moral à zéro.

4. Le **cheval**, c'est fantastique!
Venez faire une **visite** ou une balade **à cheval** dans notre centre **équestre**. Samedi 15 juin, c'est journée **portes ouvertes** entre 13 heures et 17 heures pour toute famille. Les enfants de 5 à 10 ans peuvent faire un **tour de poney** ou **caresser** les chevaux dans leurs **box**. Venez tous!

5. a) une assiette b) des serviettes c) un verre d) un frigo
e) des tentes

6. commencer ≠ terminer
appeler = téléphoner
vendre ≠ acheter
Le soleil brille. = Il fait soleil.

7.

Deutsch	Französisch
Was für ein Glück!	Quelle chance!
wie gewöhnlich	comme d'habitude
Einen Moment bitte!	Un instant, monsieur.
Willkommen!	Bienvenue!
Das ist nett.	C'est gentil.
gern	volontiers

8. a) Il est à au fond du box. b) Il est derrière le box.
c) Il à côté du box.

9.

Singular	Plural
un cheval	des chevaux
un box	des box
un morceau	des morceaux
un animal	des animaux
un travail	des travaux

10. a) une visiteuse b) un vétérinaire c) un moniteur
d) secondes e) une boisson